시인 윤효

사진/김찬수

참말

윤효 시집

참말

시학
Poetics

■ 시인의 말

　　마음 그늘에 얼비친 무늬들 중에서 이내 사라지지 않고 맴을 돌다가 제풀에 주저앉은 잔상들이 애처롭습니다.

2014년 첫봄
윤효

차례

- 시인의 말
- 작품 해설 | 정효구

제1부

죽비	15
배삼룡裵三龍	16
생업	17
그 돈	18
역사 스페셜	19
팜므파탈	20
성聖 걸레	21
시인	22
남행	23
고마운 일	24
이월	25
가을	26
꽃	27
애수	28
불행	29

제2부

평전評傳　33
은총　34
오래된 슬픔　35
사무침이 뭔지도 모르고　36
어머니의 걸음마　38
완생完生　39
낯선 어둠　40
첫가을　41
칠흑 고요　42
그날로부터　43
부황리　44
그 아래　45
난실리에 가면　46
저 배롱나무　48
세차　49

제3부

제비꽃　53
교육학원론　54
뜬눈　55
완창完唱　58
명작　59
참말　60
노용덕魯容德 선생님　61
회양목 꽃　62
밥값　64
화살표의 힘　66
어미 소처럼　67
염생이마냥　68
성聖 쓰레기　70
어느 부음　71
교황 프란치스코 1세　72

제4부

어떤 개인 날   77
그 꽃   78
첫사랑   79
우체통   80
아침노을   81
맥문동   82
유정천리   83
가랑잎처럼   84
울어라 새여   85
시를 위하여 · 4   86
시를 위하여 · 5   87
시를 위하여 · 6   88
시를 위하여 · 7   89
시를 위하여 · 8   90
김종삼金宗三 · 3   91

제5부

꽃씨가 모조리 95
도둑이 제 발 저리다 96
짐승 97
착하다, 굴삭기 98
목격자를 찾습니다 99
한국정신사 100
반편의 노래 101
창문 열고 바라보니 102
국어 시간 103
화중생련火中生蓮 104
절과 중 105
가을 유마維摩 106
옹달샘 107
천만다행 108
공주 가는 길에 109

제1부

죽비

복도로 나가서
꿇어앉아
종이 울릴 때까지

왜 그랬는지
까맣게 잊었지만

아직도 울리지 않고 있는
그 종.

배삼룡裵三龍

　사내 넷이서 둘러앉아 누가 더 술에 약한가 내기를 하고 있었다.

　나는 막걸리 한 사발만 마셔도 취한다.
　나는 누룩 냄새만 맡아도 취한다.
　나는 밀밭에만 가도 취한다.

　한 친구가 영 말이 없자 곁에서 채근을 하였다.

　으음, 나 벌써 취했어.

　승자였다.

생업

종로6가 횡단보도
원단 두루마리를 가득 실은 오토바이들이
숨을 고르고 있었다.

신호총이 울렸다.

장애물을 요리조리 헤치며
동대문시장 안 저마다의 결승선을 향해
순식간에 사라졌다.

좀처럼 등위를 매길 수 없었다.

모두 1등이었다.

그 돈

사단은 역시 그 돈이었다.
불알친구들이 중늙은이가 되어 만났건만,

──그 돈은 그때는 큰돈이었지.
──지금도 큰돈이야.

──그 돈이야 있어도 살고 없어도 살잖아.
──없으면 못 살아.

역사 스페셜

한강 하류,
쓰레기 더미가 물살과 맞서고 있었다.

얼키설키 일으켜 세운
막대 끝에

젖은 깃발도
하나,

휩쓸리지 않겠다고
더는 떠밀리지 않겠다고

펄럭이고 있었다.
흔들어 대고 있었다.

팜므파탈

어느 시인이
제 꽃빛에 감전사하지 않고
가시에 찔려 시름시름 앓다 죽었다는 걸
참을 수 없었습니다.

장미가
세상에서 가장 농염한 빛깔의 꽃을
피워 대는 까닭입니다.

성聖 걸레

걸레 같은 놈
에잇, 걸레 같은 년

쏟아지는 손가락질 끝끝내 함께 받으며
연놈의 얼룩 가만히 다독여 주는,

성聖 걸레.

시인

한낱 소음으로 치부되는
제 곡조가
매미는 서럽습니다.

밤이 깊어도
그 울음 그칠 줄을 모릅니다.

저 울음 달랠 이
지상에는 없습니다.

남행
— 복효근 시인에게

차를 세워 놓으면
은행잎이 수북이 내려 쌓인다는
지리산 자락
그 학교
가고 싶다.

그러한 날이면
차 열쇠 따뜻이 손에 쥐고
걸어서 퇴근한다는
그 선생님
만나러 가고 싶다.

고마운 일

도로포장 공사가 며칠째 이어지고 있었다.
한밤중만 골라 하고 있었다.
저소음 포장이라 하였다.
고마운 일이었다.

자정 넘어 귀가하다 보게 되었다.
마무리가 되어 가고 있었다.
차선보다 먼저 횡단보도를 그리고 있었다.
더욱 고마운 일이었다.

이월

 더는 어쩌지 못해 산수유나무가 산수유 몇 개를 떨어뜨리자 어제 잠깐 스치다 만 눈발이 다시 내리기 시작하더니 번지는 핏물을 덮어 주는 것이었습니다.

가을

하늘에
서성이는 새들의 발자국이 또 하나 늘었습니다.

꽃

어둑새벽에 진명여고 지나 지하철역까지 함께 걸었던 비둘기들의 야윈 발목에도 생채기들이 붉게 피어나 있었습니다.

애수

　가지 끝에 앉은 까마귀가 몇 차례 목 쉰 울음을 터뜨리자 버즘나무는 체신도 없이 손수건만한 가랑잎을 뚝뚝 떨구는 것이었습니다.

불행

그가 보낸
문자메시지
지우다가
실수로
전화가 걸렸다.

발신음
몇 차례
건너갔으나
그도
전화를 받지 않았다.

다행이었다.

제2부

평전評傳

해가 져도
안방 마루 끝은 언제나 환했다.

증조할머니 놋요강.

은총

사람이 사는 마을에
어스름이 내려 쌓이고 있습니다.

──눈물겹습니다.

오래된 슬픔

　삽자루 둘러메고 암팡지게 냇둑을 걷는 동네 할아버지를 처음 보았을 때 내가 그렇게 소스라치게 놀랐던 것은 지금 생각해도 전혀 이상한 일이 아니었다.

　내가 열한 살 소년으로 자랄 때까지 할아버지는 사랑 아랫목에 내내 누워 계셨다.

사무침이 뭔지도 모르고

늬 아부지 돌아가셨다며?
예.
언제?
작년에요.

늬 아부지 돌아가셨다며?
예.
언제?
재작년에요.

늬 아부지 돌아가셨다며?
예.
언제?
삼 년 전에요.

사무침이 뭔지도 모르고
또박또박 대답하는 이 주둥아리가

얼마나 미우셨을까
어머니는.

어머니의 걸음마

허투루 쓰면 안 된다
한 푼도 허투루 쓰면 안 된다
용돈 주실 때마다 그러셨잖아요.
이번에 많이 들었어요.
고관절 새로 넣느라 많이 들었어요.
걸음 놓으시면 안 돼요.
꼭 걸으셔야 돼요.
하나아 두울!
하나아아 두우울!
허투루 안 쓰셨잖아요.
한 푼도 허투루 안 쓰셨잖아요.
이 걸음 절대로 놓으시면 안 돼요.
제 손 꼭 잡으세요.
하나아 두울!
하나아아 두우울!

완생完生

그렇게 좋아하시던 홍시를 떠 넣어 드려도
게간장을 떠 넣어 드려도
가만히 고개 가로저으실 뿐,

그렇게 며칠,
또 며칠,

어린아이 네댓이면 들 수 있을 만큼
비우고 비워 내시더니
구십 생애를 비로소 내려놓으셨다.

──완생完生.

낯선 어둠

저녁상에
숟가락 놓는 소리에도

가슴이
철렁,

서성거려도
두리번거려도

두근두근
낯선 어둠뿐,

아아,
어머니.

첫가을

어머니 먼 길 떠나시고 첫가을입니다.

올해에도 감이며 밤, 대추, 은행 주저리로 익었습니다.

어머니 안 계신 뜰에서

이것들이

이것들이

이리도 붉게 여물었다니,

무섭습니다.

어머니, 무섭습니다.

칠흑 고요

늦은 점심 후루룩 때우고 돌아오니

모니터가 자고 있었다.

한낮에 펼쳐진

칠흑 고요,

그 곤한 잠을 차마 깨울 수 없었다.

안팎살림 짬짬이 눈 붙이시던

어머니,

흙버선.

그날로부터

고향 선영 아버지 곁에 어머니께서 묻히셨다.
소원하신 지 삼 년하고도 넉 달 만이었다.

그날로부터 참아야 했다.

아무리 외롭고 아무리 슬퍼도
나는
참아야 했다.

부황리

 까치들이 마을 어귀 가지 끝에 나부끼는 가오리연을 뜯어 미루나무 꼭대기로 나르기 시작하면 한 집 두 집 서둘러 문풍지를 발랐다.

 가을 설거지는 늘 이렇게 갈무리되곤 하였다.

그 아래

날 선 바람 불러 가지런히 빗질해 주던

솔숲,

그 아래

해거름이면

들녘 새들 모두 불러 품어 안아 주던

대숲,

그 아래

빠알간 양철 지붕,

그 아래

아버지, 어머니, 누나, 언니, 동생 그리고 나.

난실리에 가면
— 편운 조병화 시인 10주기에 부쳐

심부름 마치고 돌아온 아이에게
어머니가 물었다.

──세상에서 가장 아늑한 곳이 어디이더냐?

──구름이더이다, 하늘의 구름.

──아이고, 내 새끼.

심부름 다 마치고 돌아온 아이에게
어머니가 다시 물었다.

──세상에서 가장 아찔한 곳은 어디이더냐?

──가슴이더이다, 사람의 가슴.

──아이고, 내 새끼.

안성 난실리에 가면
오늘도 들린다.

──오냐, 내 새끼, 아프게도 참 잘 살았구나.

저 배롱나무

바람이 간지럼 자꾸 먹여 대는데도 저 배롱나무 꿈쩍 않습니다.

백 날 동안 나부낄 붉은 첫 꽃 피어나는 날입니다.

세차

비를 맞으며 세차를 하였습니다.
오가는 이마다 한마디씩 하였습니다.
아랑곳하지 않았습니다.
이등병 아들이 귀대하는 날이었습니다.

제3부

제비꽃

낡은 이층 교사 앞뜰 물받이 홈통 바닥에 제비꽃.
갈라진 틈새 하늘하늘 먼지 모아 제비꽃.
비난수하는 마음으로 제비꽃.
까만 눈 맞춰 줄 아이 하나 기다려 제비꽃.

교육학원론

어느 나라나 공항 근처 아이들은 하늘의 비행기를 그릴 때 바퀴까지 꼭꼭 그려 넣는다고 한다.

뜬눈
― 五山학교 창립 100주년 기념일에

학생 일곱, 김도태, 김자열, 이래, 이윤영, 이인수, 이중호, 이찬제.
교사 둘, 여준, 서진순.
교장을 돕던 박기선.
교장을 맡은 칠십 고령의 유림 대표 백이행은 참석하지 않았다.
사회자는 창립자 남강 이승훈.
내빈도 한 사람 이덕수.

이렇게 시작한 학교였다.

나라는 날로 기울어 가는데 그저 앉아 있을 수는 없다고
이 아름다운 강산을 원수들에게 내줄 수는 차마 없다고

백성들을 어서 깨우쳐야 한다고

백성들이 어서 깨어 일어나야 한다고
시작한 학교였다.

학교를 세우기로 결심하는 사흘 동안
그 사흘 동안 남강 이승훈은
내내 뜬눈이었으므로
눈 밝은 이들이 줄지어 모여들었다.

춘원 이광수
고당 조만식
다석 유영모
노호 김기홍
화가 임용련

학교를 세우기로 결심하는 그 사흘 이후
그 사흘 낮밤 이후에도 남강 이승훈은
내내 뜬눈이었으므로
눈 밝은 이들이 줄지어 태어났다.

춘원은 안서를 낳고 소월을 낳고 백석을 낳고
고당은 주기철을 낳고 한경직을 낳고
다석은 함석헌을 낳고
노호는 학교를 다시 낳고
임용련은 이중섭을 낳고

열두 명이 시작한 학교였으나
겨레 중에서 눈 밝은 이들이 앞으로도 모여
눈 밝은 이들을 또 줄지어 낳아 가리니

백 년 세월이 무섭게 흘러갔건만
학교를 세우기로 결심하던 그 사흘 이후
그 사흘 낮밤 이후
남강 이승훈은
여태도 뜬눈이므로.

완창完唱

 판소리 한마당을 한자리에서 끝까지 부르는 것을 완창完唱이라 한다.
 소리꾼에게도 쉽지 않은 일이다.

 대한 사람으로서
 애국가를 4절까지 부르는 것도 쉽지 않은 일이다.

 3·1절, 광복절, 개천절 경축식에서도 달랑
 1절만 부르고 만다.

 목청을 열고
 끝까지 불러 볼 자리가 없는 것이다.

 1907년생 오산학교는 꼬박꼬박, 또박또박
 4절까지 부른다.

 대한 사람 대한으로 길이 보전하기 위해
 완창을 한다.

명작
— 김재율金載律 선생의 말씀을 받아쓰다

  오산학교五山學校 일 년 후배 중섭이는 사십에 그렇게 서둘러 떠나면서도 그림 몇 점을 남겨 놓았는데, 두 눈 부릅뜬 황소 그림 몇 점을 끝끝내 남겨 놓았는데, 중섭이보다 갑절이 넘는 세월을 꾸역꾸역 살아오고도 저는 남길 것이 없습니다. 아무리 곰곰 헤아려 봐도 남길 것이라고는 도무지 없습니다. 이 두꺼운 얼굴밖에는. 이 땅을 할퀴고 간 소용돌이가 굽이굽이 새겨진 이 얼굴 달랑 하나밖에는 정녕 없습니다.

참말
— 박영석 대장

9년에 걸쳐
히말라야 14좌에 오른 산악인이
대답하였다.

열네 번 모두
더 이상 오르지 않아도 된다는 안도와
내려갈 걱정뿐이었다고.

참말은 참 싱겁다.

노용덕魯容德 선생님

벽돌만 수북이 넣으면 뭐하나
그 물 내리지 않는 게 상책이지
우리 집 네 식구는 아침이면 줄을 선다네
네 번째 사람이 물을 내리지

밥알 한 톨의 무게가 제일로 무겁다는 걸
세상에서 가장 잘 아는,

당신,

알뜰한 당신.

회양목 꽃

늘 혼자 놀았다.
늘 혼자서 천천히 걸었다.

왜 어울리지 않느냐 물을 때마다
괜찮다고 했다.

혼자가 좋다고 했다.
혼자서 걷는 게 좋다고 했다.

그런 말을 할 때면
눈망울이 한 뼘 더 깊어졌다.

이따금씩은
내게 말을 걸기도 했다.

교무실 앞뜰 회양목에
꽃이 피었다고

비둘기 발가락 하나가
안 보인다고

쓸쓸한 눈빛으로
말을 걸어오기도 했다.

밥값

닭둘기라고 놀림을 받는 녀석들이
우리 학교에도 여러 마리 살고 있지요.
걔네들 하루 일과를 보면
그런 말 들어 싸지요.
매점 주변을 배회하다가
아이들이 흘린 빵 부스러기나 쪼아 먹는 게
하루 일이거든요.
닭둘기란 말, 싸지요, 싸.
그런데
딱 한 마리
밥값을 하는 녀석이 있어요.
언제 어디서 그랬는지
한쪽 발목이 잘린 녀석인데요.
먹고사는 일에 그렇게 열심일 수가 없어요.
절뚝거리면서도 연신 빵 부스러기를 찾아다니거든요.
그렇게 씩씩할 수가 없어요.
아이들이 배우지 않겠어요?
목발도 없이 그러고 다니는 걸 보면서

시나브로 시나브로 배우지 않겠어요?
그 비둘기,
밥값 한번 제대로 하는 셈이지요.

화살표의 힘

교사 → 장학사 → 장학관 → 정년 → 국장님

교사 → 평교사 → 막교사 → 정년 → 선생님

누가 스승의 길을 걸었는지

한눈에 보인다.

화살표의 힘이다.

어미 소처럼

　뾰족이 엉덩이에 뿔이 난 그 아이가
　붉으락푸르락 한나절 넘게 풀어 놓던 푸념들을 주섬주섬 다시 챙겨 들 때까지
　가지런히 챙겨서 다시 감싸 안을 때까지
　내가 한 일이라곤
　고개를 끄덕여 준 것뿐이었다.
　그것도 가만히 가만히 끄덕여 준 것뿐이었다.

염생이마냥

논산중학교 20회 졸업생 다섯이서
당산동 술집에 둘러앉았다.

이젠 자주 만나자며 거나히 어깨 걸었던 게
엊그제였는데

2년 만이었다.

1955년 을미생, 사주의 첫머리부터 금세기엔
갑으로 살기 어려웠던

게다가
이른바 베이비부머의 맏형

멀국도 없이 찬밥덩이 넘기듯
꾸역꾸역 삼켜 온 세월
대간하였다고
대간하였다고

억지로 끌려 나온 놀뫼장날 염생이마냥
욕봤다고
욕봤다고

시린 어깨를
다시 기대 보는 것이었다.

성聖 쓰레기

자기를 버린 사람들에게
자기를 태워
온기로 되돌려 주고는
높다란 굴뚝을 유유히 빠져나와
별일 아니라는 듯이
뒤도 돌아보지 않고
하늘을 향해 뭉게뭉게 날아오르는
하얀 영혼을 본다.

어둠이 내리면
목동 열병합발전소 굴뚝 위로 떠오르는
그 별들을 또한 보게 되리라.

어느 부음

2009년 3월 8일 오후 3시 10분
서울대공원 동물원의 자이언트 코끼리가 입적했다.
1952년 태국에서 태어나
세 살 때 우리나라 무문관으로 출가한 자이언트는
잿빛 가사 한 벌에 의지해 오직 용맹정진
장좌불와를 넘어 평생을 앉거나 눕지 않았다.
그 서릿발 수행을 통해
좌탈입망의 경지에 이른 자이언트는 비로소
고요히 앉아 열반에 들었다.
향년 58세, 법랍 55년.

교황 프란치스코 1세

아르헨티나 베르골리오 추기경이
콘클라베에 참석하기 위해 로마로 떠날 때
몇몇 신부가 돈을 모아
그의 낡은 구두를 새 구두로 바꿔 신겼다.

번듯한 공관을 마다하고
작은 아파트에서 혼자 밥을 짓고 옷을 깁던
이웃들과 가난을 나누던
그였다.

하느님께서 물으실 때마다
가난한 이들을 위한 가난한 교회가 답이라고 응답하던
그였다.

시스티나 성당 굴뚝에
네 차례 검은 연기가 번지고 마침내
흰 연기가 피어올랐다.

전 세계에서 온 115명 추기경들이 뽑은 새 교황의

이름은
베르골리오 추기경.

즉위명으로 프란치스코를 골랐다.
가난한 이를 위한 겸손과 청빈으로 성자가 된
바로 그 아시시의 성 프란치스코.

그날,
교황청 리무진을 물리치고 셔틀버스를 타고 숙소로
돌아와 저녁을 들면서
추기경들에게 건넨 건배사는
이러하였다.

"하느님께서 나를 뽑은 당신들을 용서해 주시기를……"

제266대 교황 프란치스코 1세,
호르헤 마리오 베르골리오 추기경, 76세.

제4부

어떤 개인 날

하늘에
시 한 줄 새기기 좋은 날입니다.

생채기 같은

송진 그렁그렁한
생솔잎 같은

이
그리움

그 줄에
널어 말리기 좋은 날입니다.

그 꽃

　어스름 마중하는 산책길에서 산딸나무 꽃을 만났습니다. 네 장 꽃잎이 꼭 여학교 배지 같습니다. 그 붕긋한 가슴께 부끄러이 반짝이던 그 배지 같습니다. 아내와 손잡고 걷는 내내 칼라가 유난히 희었던 단발머리 그 얼굴을 또 떠올릴 수밖에 없었습니다.

첫사랑

몰라

뭘

몰라
몰라

뭘

몰라
몰라
몰라

뭘

우체통

이 두근거림을 아시느냐 밤새 편지를 썼습니다.

서둘러 거리로 나섰습니다.

저 앞에 우체통이 보였습니다.

빨간 스웨터였습니다.

이번에는 진짜 우체통이 보였습니다.

빨간 치마였습니다.

아침노을

참 오랜만에 꿈에서 뵈었어요.

밤사이 감자 싹이 돋았고요,

선인장은 제 발목에 작은 새끼를 낳았어요.

간밤에 다녀가셨지요?

맥문동

느티나무 짙은 그늘 속 한 뼘 꽃대들이 꼿꼿하다.
낭자한 매미 울음에도 흔들리지 않는다.

풍문에, 그 계집애는 고향 가까운 곳에서 어린 외손주와 살고 있다고 했다.

유정천리

눈 더미 속
잠깐,

노루귀
바람꽃

서둘러
지는 꽃이

가장
뜨겁다.

눈시울
가득

깊이 맺힌
그 사람.

가랑잎처럼

허물 다 내려놓고
가랑잎처럼
맨몸으로
맨몸으로
혼절했으면

허울 다 벗어 놓고
가랑잎처럼
빈 몸으로
빈 몸으로
혼절했으면

울어라 새여

시든 꽃 곁에서
바람은 왜 서성이는지

지는 꽃 곁에서
바람은 왜 맴을 도는지

이미 다 져 버린
그 꽃가지를
바람은 왜 흔들어 대는지

바람은 왜
그 마른 꽃가지를
저렇게나 마구 흔들어 대는지

……울어라 울어라 새여

시를 위하여 · 4

시 공부 시작하던 스무 살 무렵
나중에 시론을 써서 낸다면
책 이름을 무엇이라 할까
생뚱맞게 이런 궁리를 하다가
정한 것이 『언어경제학서설』

짧은 말 속에 속울음을 담고 싶었다.

시를 위하여 · 5

안양천 타고 내려와
한강을 거슬러 오르는 23킬로미터
자전거 출퇴근치고는 무리인 듯싶어도
그 길에 원효대교 있어 가뿐하다네.
군더더기 하나 없이
상판을 떠받치고 서 있는
그 다리가 눈에 들어올 때마다
내 다리도 군더더기 없이 가뿐, 가뿐해진다네.
불끈, 다릿심 솟는다네.

시를 위하여 · 6

외로워서 시를 썼다고
시상식장에서
떨리는 목소리로
그가 말했다.

그 서러움 속에
부디 꼭꼭 갇혀 사시라
간절히
빌어 주었다.

시를 위하여 · 7

낮에 쓴
시는
달빛에
헹구고

밤에 쓴
시는
햇빛에
말리고

시를 위하여 · 8

접시 위에
등뼈와
가시만
추려 내시던

잇몸으로도
등뼈와
가시만
용케도
발라내시던

어머니같이

김종삼金宗三 · 3

한 획
한 획
칼금 긋듯
그는
글씨를
썼다.
목판 새기듯
시도
그렇게
썼다.
핏물이
배어나곤
하였다.

오늘도
누군가
그에게
물었다.
──시가 뭐냐고?

제5부

꽃씨가 모조리

씨앗을 뿌려 보면
씨앗이 왜 사람인지
왜 하늘인지 알게 된다고
바짓가랑이 적셔 본 일 없으면서도
잘도 지껄여 왔구나.

새봄에 뿌려둔 꽃씨가 모조리
회초리로 자란다 해도
나는 할 말 없으리.

도둑이 제 발 저리다

거실 푸른 잎사귀들을 닦고 나니 걸레가 시꺼메졌다.
속이 검어서 숨 쉴 때마다 그을음을 토해 내는 사람이 우리 식구 중에 있다는 것이다.

뜨끔하였다.

짐승

소나 돼지가 발정이 나도
축산농가에서는 황소나 수퇘지를 부르지 않는다.

인공수정을 한다.

수컷한테서 채취한 정액을 암컷에게
주입한다.

짐승에게서
그 짓마저 빼앗은 것이다.

무서운 짐승이다.

착하다, 굴삭기

 산허리나 부러뜨리고 두 눈 부라리며 오갈 데 없는 오두막이나 헐어 내던 피도 눈물도 없던 굴삭기가 오늘은 웬일로 켜켜로 쌓인 광장의 아스팔트를 열어젖히고 있었다. 끈덕지게 뻗대는 아스팔트를 착착 걷어 내고 있었다.

 알통 툭툭 불거진 그 팔뚝이 눈이 부셨다.

목격자를 찾습니다

 횡단보도 옆 두 그루 버즘나무가 현수막을 팽팽하게 펼쳐 들고 서 있었습니다. 자기들의 목과 팔뚝을 싹둑 잘라가 버린 누군가를 애타게 찾고 있었습니다.

한국정신사

하늘 두 쪽 내며 내리꽂히는

빗줄기에게는

눈 깜짝하지 않더니

하염없이 망설이고

하염없이 머뭇거리는

눈송이들에겐

제 몸 기꺼이 길게 눕혀 주는

대숲,

한국정신사 제1장 제1절

반편의 노래

아
파트
벽채에
바짝붙어
심어주셔서
이렇게밖에는
자라지못하지만
그래도괜찮습니다
이런반편을보시고도
날마다편히살아주셔서
그저늘고마울따름입니다
푸성귀한잎도꼭무농약으로
가구하나들여도꼭친환경으로
이반편꼬라지눈뜨면보이실텐데
전혀타박하지않으시고태평스럽게
그렇게항상태평스럽게살아가시다니
하긴이반편꼬락서니가무슨대수겠어요
메
타
세
쿼
이
아

창문 열고 바라보니

 구청 앞을 지나는 이들이 하나둘 비로소 걸음을 멈추고 먼 하늘을 올려다보기 시작하였다.

 구청에서 한 일이라곤 어느 저명한 금속공예가의 대형 조각 '향수鄕愁'를 치우고 그 자리에 감나무 몇 그루 심어 놓은 게 전부였다.

국어 시간

꼭 문필봉 봉우리 같은 봉오리를
잔뜩 밀어 올린 늙수그레한 목련나무가
교실 안쪽을 기웃거리며
가지를 살랑살랑 흔들어 대는 이런 봄날이면
헷갈리는 것이다.
꽃봉오리가 맞지 싶다가도
꽃봉우리가 더 맞다 싶은 것이다.
온 산의 빛깔과 향기가 결국 한 송이 꽃으로부터 시작되었으니
꽃봉우리가 맞는다고
아이들 앞에서
나는 자꾸 우기고 싶어지는 것이다.

화중생련火中生蓮
― 법정 스님 다비식에서

  참나무 장작더미 속에서 붉은 연꽃이 마침내 피어오르자 새잎을 틔우느라 여념이 없던 조계산 이른 봄날 푸나무들이 일제히 눈을 들어 그 꽃을 한참이나 바라보는 것이었다.

절과 중
— 법정 스님 말씀을 빌려

이 절
저 절 중에서
가장
큰 절은
친절親切,

이 중
저 중 중에서
가장
큰 중은
대중大衆.

가을 유마維摩

은행이 털렸다.
바닥난 가슴의 잔고를 순금으로 채워 줄 지폐들이 나무 밑에 어지러이 널려 있었다.

이 가을에 나는 또 깡통계좌로 남게 되었다.

옹달샘

여름 내내
편의점 에어컨 실외기 앞은
참새와 비둘기들로
붐볐습니다.
지하철역 근처
잰걸음 사납게 오가건
말건.

천만다행

두 마리 새가 나뭇가지에 나란히 앉아 있다.
한 마리가 지저귈 때마다
한 마리는 연신 고개를 주억거린다.
함께 지저귀기도 한다.
함께 주억거리기도 한다.

이 지구 안에
저 골똘한 이야기 알아듣는 사람
없다.

아직은,
아직까지는.

공주 가는 길에

경부고속도로 질주하는 차량들 사이로 비집고 들어온 붉은 가랑잎들이
반짝이는 서녘 햇빛을 머리에 이고
뛰고
구르고
내달리고
포르르 날아오르며
격정 어린 춤을 추고 있었다.

국운을 놓친 어느 왕립무용단의 고별 무대가
저랬을까?

저랬을 것이다.

■ 작품 해설

삼업三業을 닦으며, 삼보三寶를 꿈꾸며

정효구
(문학평론가 · 충북대 교수)

1. 시가 뭐냐고?

윤효의 제4시집 『참말』에 대한 해설의 첫 문장을 그의 시 「김종삼金宗三·3」 속에 들어 있는 마지막 연을 음미하는 것으로 시작하기로 한다. 윤효는 이 작품의 마지막 연에서 다음과 같이 쓰고 있다.

    오늘도
    누군가
    그에게

물었다.
──시가 뭐냐고?

　김종삼이 그의 시「누군가 나에게 물었다」에서 전해 준 말은 수많은 사람들이 거듭 공감의 박수를 보내면서 그들 자신의 시론과 시인론을 성찰하고 수정하게 만드는 부분이다. 김종삼은 이 시에서 다음과 같이 적고 있다. "누군가 나에게 물었다. 시가 뭐냐고/ 나는 시인이 못됨으로 잘 모른다고 대답하였다./ 무교동과 종로와 명동과 남산과/ 서울역 앞을 걸었다./ 저녁녘 남대문 시장 안에서/ 빈대떡을 먹을 때 생각나고 있었다./ 그런 사람들이/ 엄청난 고생 되어도/ 순하고 명랑하고 맘 좋고 인정이/ 있으므로 슬기롭게 사는 사람들이/ 그런 사람들이/ 이 세상에서 알파이고/ 고귀한 인류이고/ 영원한 광명이고/ 다름 아닌 시인이라고." 위 시의 핵심은 고생스러운 삶 속에서도 순함, 명랑함, 좋은 마음씨, 인정 등을 잃지 않고 슬기롭게 사는 사람들이 바로 시인이라는 것이다. 그러고 보면 김종삼에게 시인이란 '슬기인'이다.

　김종삼의 이런 시인됨의 규정에 기대어 앞에서 윤효가 던진 질문에 대하여 생각해 보자. 그는 앞의 인용문에서 문면을 뛰쳐나올 듯 강한 어조로 '시가 뭐냐고' 강숏을 던진다. 말할 것도 없이 그 질문의 일차적 수신자는 윤효 자신일 것이다. 그러나 사실 이 질문은 이 땅의 모든 시인들을 새삼 일깨우면서 그들의 긴장된 시 쓰기를 가능케 하는 원동력이자 견인력이 되기도 한다.

도대체 시가 무엇일까? 정답은 없지만 물음을 계속하고 답안을 거듭 작성할수록 그 내용이 깊어지고 풍요로워지는 이 신비로운 질문은 시를 견고하게 만들고 시인을 성장하게 만드는 만트라와 같은 진언이다. 윤효는 이런 진언 앞에서 의미심장한 답안을 내놓는다. 그것은 시야말로 마음과 언어와 삶이라는 삼업을 정화하여 그들을 삼보로 만드는 수행의 과정과 같다는 것이다.

시 쓰기가 수행의 여정이 되면 시 쓰기는 도저히 멈출 수 없는 예불禮佛이 된다. 더 맑고 강한 금강석의 창조를 위한 매일매일의 언어 공양이요, 더 고요하고 원만한 거울의 발견을 위한 매순간의 마음 챙김이며, 더 자유롭고 평화로운 삶을 위한 매사마다의 하심下心이다.

그런 점에서 윤효의 이번 시집『참말』의 맨 앞에 수록된 작품「죽비」는 특별히 음미할 만한 가치가 있다.

> 복도로 나가서
> 꿇어앉아
> 종이 울릴 때까지
>
> 왜 그랬는지
> 까맣게 잊었지만
>
> 아직도 울리지 않고 있는
> 그 종.
>
> ―「죽비」 전문

지금 시인은 복도에 나가 꿇어앉아 벌을 받고 있다. 종이 울려야 그 벌의 시간도 끝날 터인데 어찌된 일인지 그 종소리가 좀처럼 나지도, 들리지도 않는다. 짐작건대 벌을 탕감할 만한 시간이 아직 흘러가지 않았기 때문이리라. 아니 아직도 잘못을 온전히 참회할 만큼 그가 내면을 다스리지 못하였기 때문이리라. 이런 내용의 위 시는 시인이 지금 죽비의 경책을 들으며 수행자와 같은 자기 점검 속에 있음을 알려 주고 있다.

윤효의 이번 시집에 담겨 있는 세 가지 키워드는 마음, 언어, 삶이다. 그는 이 세 가지를 완전한 단계에 올려놓고 싶어 한다. 시가 뭐냐고 그에게 묻는다면 그는 자신에게 있어서 시란 이 세 가지를 완성시키는 일이라고 답할 것이다. 이것은 그가 한 인간이자 시인으로서 품어 안은 시적 과제로서의 삼업이자 삼보다. 말하자면 세 가지 짐이자 집인 것이다.

2. 참마음을 위하여

좋은 시는 선한 본성을 거처로 삼는다. 그리고 인간의 선한 본성을 일깨운다. 시가 이 세상에 존재하는 까닭을 말하고자 한다면 이 선한 본성과의 관계를 맨 앞자리에서 언급해야 할 것이다.

선한 본성이란 무엇인가. 그것은 사私, 사邪, 잡雜이 제거된 마음이다. 에고를 중심으로 암산을 일삼는 시비 분별, 그것을 넘어서는 마음이다. 이 마음이 발현되지 않는 한 시는 발아되지 않는다. 그런 점에서 시 쓰기의 원천은 참마음이다.

　윤효의 시집『참말』은 이 참마음에 토대를 두고 창조되며 사람들을 그곳으로 이끈다. 따라서 그의 시 전체를 읽고 나면 우리들의 마음은 한결 부드러워지고, 넓어지고, 따스해지고, 맑아지고, 환해지며, 평등해진다. 그러면서 인간과 세계에 대한 이전보다 높은 애정과 신뢰감을 맛보게 된다. 그리고 '궁핍한' 삶의 저변에도 온전한 신성이 내재해 있음을 보게 된다.

　윤효는 작품「생업」에서 사람들이 저마다 최선을 다하는 생업 현장의 놀라운 평등성의 세계를,「팜므파탈」에서 장미가 지닌 아름다움의 극단적 황홀함을,「성聖 걸레」에서 성자가 된 걸레의 숨은 신비를,「시인」에서 자신의 목소리가 지닌 원음을 회복하려는 시인의(매미의) 간절함을,「남행」에서 자연과의 화음 속에서 살아가는 복효근 시인에 대한 무한한 애정을,「고마운 일」에서 타인을 배려하는 야간 도로포장 공사장의 자발적 고난에 대한 찬탄을,「애수」에서 까마귀의 슬픔과 한마음이 되어 살고 있는 버즘나무의 아름다운 연민심을,「이월」에서 산수유 열매와 한 몸이 되어 내리는 하얀 눈발의 포용적인 사랑을,「꽃」에서 비둘기와 동행하며 그의 상처를 함께 품는 시인의 가슴을,「평전」에서 증조할머니가 만든 환한 삶의 빛을,「은총」에서 사람이 사는 일에 대한 무한의 측은지심을,「오래된 슬픔」에서 마음속에 각인된 할아버지에의 무의식적 사랑을,「사무침이 뭔지도 모르고」에서 어머니의 남편에 대한 속 깊은 사무침의 감정을,「어머니의 걸음마」에서 아픈 노모의 보호자가 된 아들의 마음을, 「완생完生」에서 어머니의 죽음을 완생으로 읽는 시인의 차원 높은 해석을, 「낯선 어둠」에서 어머니의 죽음을 문득 잊거나 생각해 내곤 소스라치듯 놀라는 이별 후의 잔상을 전하고 있다.

방금 열거한 것은 이번 시집 『참말』의 앞부분부터 거의 순서대로 작품을 읽어 가며 찾아낸 것들이다. 이런 마음결은 시집의 끝부분까지 계속하여 이어진다. 이처럼 시집의 처음부터 끝까지 거의 모든 작품을 통하여 계속되는 참마음의 자리를 만나다 보면 독자인 우리들은 반복이 누적됨으로써 만들어 내는 깊이와 무게를, 그리고 그 누적의 어느 임계 지점에서 발생하는 질적 도약을 경험하게 된다. 마치 아름다운 꽃밭이나 꽃길을 한없이 느긋하게 오랜 시간 꽃과 더불어 거닌 자처럼 탁한 마음이 물러나고 청정한 마음이 생기하는 것을 느끼게 되는 것이다.

우리들의 마음은 잠시라도 돌보지 않으면 금세 얼룩덜룩해진다. 시를 쓰는 일도, 시집을 읽는 일도 이런 마음을 돌보는 일에 다름 아니다. 또한 우리들의 마음은 잠시라도 돌보지 않으면 어느새 길을 잃고 만다. 조금 늦거나 방황하며 길을 간다 하여도 그 목표 지점이 분명하고 바르면 그런 늦음이나 방황은 크게 문제가 되지 않는다. 그러나 그렇지 않을 때의 혼란스러움은 매우 심각하다. 선한 본성을 지향하고 작동시키며 시를 쓰고 시를 읽는 일, 그것은 우리의 마음이 가야 할 목적지를 거듭 확인시켜 주는 일이다. 망각과 딴생각에 집 나간 줄을 모르고 아무 데서나 떠도는 우리 마음을 제자리로 돌려

놓는 데 이보다 더 좋은 방법도 달리 찾아보기 어렵다.

윤효의 시는 그런 점에서 참마음이 쓰는 시이며 참마음으로 이끄는 시다. 언어가 시를 쓴다는 말보다, 재주가 시를 쓴다는 말보다, 마음이 시를 쓴다는 명제를 선뜻 내놓아도 좋은 그런 시다.

그러니 그의 마음공부가 깊어질수록 그의 시는 발전할 것이다. 마음공부란 가식을 허락하지 않으니 그의 시는 마음공부가 된 만큼 앞으로 더 큰 빛과 감동을 선사해 줄 것이다. 우리는 그것을 기대하고 있다.

3. 참말을 위하여

윤효만큼 언어 일반은 물론 시어에 대한 자의식이 강한 시인도 드물다. 그는 '채송화 씨앗(그가 공들여 운영하는 동인지가 '작은詩앗·채송화'다)'처럼 과장과 어설픔을 경계하는 작고 까만 언어의 씨앗에 도달하고자 하며, 그 씨앗이 피워낼 꽃들의 만개를 꿈꾸고 있다.

그러므로 그의 시는 언어를 아낀다. 그 아낌은 결여가 아니라 '자발적 가난'이다. 이런 점을 그는 이번 시집에서도 유감없이 보여 주고 있는데, 시집 속 작품 전체가 갖고 있는 특징도 그러하지만 특별히 '시를 위하여' 연작은 그의 이런 언어관을 가장 뚜렷하게 드러낸다.

윤효는 만약 자신이 시론집을 낸다면 그 제목은 '언어경제학서설'이 될 것이라고 이미 시를 쓰기 시작하던 스무 살 무렵에 정한 바 있음을 그의 작품「시를 위하여·4」에서 고백하고 있다. 시의 언어는 경제성을 지녀야 한다는 것, 그것이 그가 시를 쓰며 언어에 대해 갖게 된 생각의 핵심적인 내용이다.

여기서 잠시 언어 문제에 대해 사유해 보기로 한다. 사실 언어란 욕망의 산물이다. 욕망이 없다면 언어가 필요하지 않다. 그런 점에서 언어란 나와 너 혹은 주관과 객관의 분리가 만들어 낸 인공적 도구다. 언어가 없다면 이 세상은 얼마나 '고요'할까? 아니 이 세상의 인간들이 진정 '고요' 속에서 살아간다면 어찌 언어가 필요하겠는가? 언어가 고요를 깨고 소란한 마음이 언어를 낳는다.

이런 언어를 시는 도구로 삼는다. 언어가 없다면 어떻게 시가 가능할 수 있겠는가. 그런데 흥미로운 것은 시 쓰기야말로 언어를 통하여 언어를 넘어서고자 하는 행위요, 언어를 통하여 고요에 도달하고자 하는 특수한 활동이라는 것이다. 이런 긴장된 길 위에 시인들이 있다. 그리고 무엇보다 윤효의 언어와 시에 대한 자의식이 놓여 있다.

우리가 내놓는 공해 물품 가운데 으뜸가는 것을 들라면 아마도 그것은 말일 것이다. 그만큼 인간들의 말은 '참말'이기가 쉽지 않고 그 말들은 실상으로부터 벗어나 있기가 일쑤다. 그러니 삶도, 시도 이 언어와의 싸움이다. '참말'을 구사할 능력이 갖추어진 자, 그가 삶의 길과 시의 길에서 성공인이 되는 것이다.

그러면 이제 윤효의 언어관을 압축하고 있는 '시를 위하여' 연작을 살펴보기로 하자.

① 접시 위에
　등뼈와
　가시만
　추려 내시던

　잇몸으로도
　등뼈와
　가시만
　용케도
　발라내시던

　어머니같이

　　　　　　　　　　　　　　　—「시를 위하여 · 8」 전문

② 낮에 쓴
　시는
　달빛에
　헹구고

　밤에 쓴
　시는
　햇빛에
　말리고

　　　　　　　　　　　　　　　—「시를 위하여 · 7」 전문

인용한 두 작품 모두 매우 인상적이다. 언어의 경제성에서도 그러하거니와 그 언어를 통하여 드러내는 시관과 시어관이 모두 예사롭지 않다. 먼저 인용시 ①에서 시인은 생선에서 등뼈와 가시만 용케도 발라내시던 어머니의 식사 장면을 회상하며 진정한 시어의 고수와 드높은 시의 창조자가 어떤 존재인지를 밝히고 있다. 꼭 필요한 것만 남기고, 꼭 필요한 것은 다치지 않게 그 자리에 둘 줄 아는 자, 그런 자가 삶의 지극한 경지에 이른 자요, 시의 드높은 세계를 창조하는 자라는 것이다.

인용시 ② 또한 많은 생각을 가능케 한다. 낮과 밤, 햇빛과 달빛의 대비 구조도 그러하거니와, 시와 언어를 달빛에 헹구고 햇빛에 말려야 한다는 그의 시관이자 시작관이 주목을 끈다. 헹군다는 것은 무엇인가. 그것도 달빛에 헹군다는 것은 무엇인가. 다들 짐작하겠지만 이것은 맑음의 극단과 깊이를 꿈꾸는 세례 행위다. 또한 말린다는 것은 무엇인가. 그것도 햇빛에 말린다는 것은 무엇을 뜻하는가. 이 역시 짐작하겠지만 그것은 가을 열매가 가리키는 바와 같은 밀도와 밝음의 극단을 꿈꾸는 중생重生의 의식이다. 이렇게 헹구고 말린 언어는 본질 그 자체가 된다. 더할 것도 뺄 것도 없는 본질 그 자체, 어떤 경계나 인위도 만들지 않는 자연 그 자체가 되는 것이다. 이쯤 되면 언어는 욕망의 산물이 아니라 참마음의 나툼revelation이 된다.

윤효에게 앞의 인용시를 통해 살펴본 바와 같은 그런 언어는 '참말'이다. 그의 시집 제목이 '참말'인 것도 이런 점과

관계가 있으며 그가 「참말」이라는 시를 쓴 것도 또한 이와 관가 있다. '참말'은 그에게 있어서 시이며, 시를 쓴다는 것은 이 '참말'을 향해 가는 여정이다.

> 9년에 걸쳐
> 히말라야 14좌에 오른 산악인이
> 대답하였다.
>
> 열네 번 모두
> 더 이상 오르지 않아도 된다는 안도와
> 내려갈 걱정뿐이었다고.
>
> 참말은 참 싱겁다.
> ―「참말―박영석 대장」 전문

위 시의 핵심은 "참말은 참 싱겁다."는 마지막 연의 한 문장 속에 들어 있다. 본심이 들려주는 말, 본심에서 나온 말, 본심과 하나가 된 말은 아무런 색色과 상相이 그곳에 작용하지 않은 원음圓音과 같다. 그것은 염색되지 않은 진심의 말이며, 오염되지 않은 순수의 말이고, 꾸미지 않은 자연과 질박의 언어다. 그런 말은 맹물처럼 싱겁다. 무미의 맛이라고 할 수 있을 것이다. 이쯤 되면 언어는 주객 이분법의 산물이 아니라 주객 일심의 산물이다. 그저 바람 소리나 새소리처럼 '하지 않는 가운데 하는' 무위이화無爲而化의 언어가 된다.

윤효의 모든 시가 이런 경지를 구현하고 있는 것은 아니다. 그러나 그의 '참말'에 대한 자의식은 여기까지 발전해 왔고 그는 언어가 가야 할 길을 알고 있는 것이다.

4. 참삶을 위하여

참마음도, 참말도 실은 참삶을 위한 길이다. 그런 점에서 참삶은 종합예술작품 같다. 이 화엄적 전일성全一性을 근저로 삼고 있는 참삶의 세계를 이 땅에서 실현한다는 것은 정말로 어려운 일이다. 우리는 이런 삶을 살고 있거나 살다 간 드문 사람들에게 성인, 현인, 지인至人, 진인 등과 같은 변별된 이름을 선사한다.

윤효의 시집 『참말』 속에는 이런 참삶을 살다간 사람들에 대한 찬탄과 그에 대한 경외감이 가득하다. 그러나 이것은 대상에 대한 단순한 찬탄과 경외가 아니라 그 자신 또한 참삶을 살고 싶다는 깊은 소망을 반영한 것이라 생각된다.

사실 윤효가 아니더라도 인간은 누구나 그 깊은 무명의 두께를 열고 존재의 심층을 들여다보면 이 참삶에의 동경이 거기서 아침빛처럼 움트고 있음을 알 수 있다. 우리는 누구나 잘 살고 싶고, 더 잘 살고 싶고, 더더욱 잘 살고 싶은 것이다. 여기서 잘 산다는 것은 말할 나위도 없이 '참삶'의 이음동의어다.

윤효가 그의 시집 『참말』에서 찬탄과 경외심을 보인 참삶의 주인공들은 교황 프란치스코, 법정 스님, 오산학교의 인물

들, 조병화 시인과 그의 어머니, 시인(윤효) 자신의 어머니, 화가 이중섭, 산악인 박영석 대장, 노용덕 선생님, 교사에서 선생님이 된 분들, 서울대공원의 자이언트 코끼리 그리고 꽃과 나무 같은 수많은 자연물들이다. 그는 이들을 통하여 학생처럼 참삶에 대해 공부한다. 그리고 교사처럼 참삶이 어떤 것인지를 알려 준다. 그런 그의 공부와 가르침 사이에서 독자들 또한 참삶에 대해 눈뜨게 된다. 이런 그의 시적 특성은 그의 시 전반에 신성성을 덧입히는 중요한 요인이다.

　윤효는 교황 프란치스코의 참삶을 다룬 작품 「교황 프란치스코 1세」에서 그의 겸손과 청빈, 검소함과 연민심을 참삶의 항목으로 강조하였고, 법정 스님의 참삶을 다룬 작품 「화중생련火中生蓮」에서는 죽음이 '연꽃'으로 화생할 수 있는 존재의 놀라운 승화에 대하여 역설하였다. 또한 그는 오산학교 창립 100주년 기념일에 부친 「뜬눈」이란 시에서 설립자 남강 이승훈의 깨어 있는 정신과 그 정신을 이어받은 각자覺者들의 계보를 제시하였으며, 작품 「난실리에 가면」을 통하여 조병화 시인의 어머니와 조병화 시인이 합작하듯 만들어 낸 참삶의 감동을 보여 주었다. 그뿐 아니다. 윤효는 그의 어머니를 소재로 다룬 '어머니' 시편들을 통하여 고단함 속에서도 구십이란 나이로 삶을 마감한 그의 어머니의 생애를 '완생完生'이라 해석하며 찬탄하였고, 작품 「명작」을 통하여 김재율 선생의 말을 받아 적는 방식으로 화가 이중섭이 짧은 생애 속에서도 놀라운 정신력과 창작력을 보여 준 것에 대해 찬탄하였다.

참삶은 어디서나 감동적이다. 사람들을 깨어나게 하고, 그들을 고양시킨다. 이렇게 살면 되겠다는 길잡이가 되어 주고, 이렇게 살고 싶다는 목적지가 되어 준다.

윤효는 앞에서 예로 든 것 이외에도 많은 작품들에서 참삶의 모습을 그려 보이고 있다. 참삶의 현장은 그의 시심을 불러일으켰고, 그의 시심은 참삶의 현장을 민감하게 찾아낸 것이다. 조금만 더 실례를 들면 윤효는 「참말」이란 작품에서 산악인 박영석 대장의 최선을 다한 삶과 정신적 성장을, 「노용덕魯容德 선생님」에서 삼라만상을 신성과 연기緣起의 무게로 섬길 줄 아는 노용덕 선생님의 진실과 지혜를, 「화살표의 힘」에서 교사에서 평교사를 거쳐 다시 막교사가 된 후 마침내 정년을 맞이하고 선생님이라는 가장 아름다운 이름으로 불리는 참다운 스승의 길을, 「어느 부음」에선 동물원에서 수행하듯 살다 간 58세의 자이언트 코끼리의 생애를 찬탄하고 있다.

참삶에 대해선 대강 이 정도 언급하는 것으로 그치고자 한다. 그러면서 윤효가 자연과 우주에서 읽어 낸 참삶의 표정 또한 인간들의 그것 못지않게 인상적이고 감동적이라는 점만 이야기하고자 한다.

모든 존재는 참삶을 삶으로써 삼업을 삼보로 바꿀 수 있다. 그리고 참삶을 볼 줄 알고 찾아낼 줄 앎으로써 소아적小我的인 삶과 카르마의 삶을 수행자의 삶으로 전변시킬 수 있다. 삶의 궁극은 지혜의 완성에 있다. 불교식으로 말한다면 전식득지轉識得智에 있고, 기독교식으로 말한다면 하나님의 자녀로 거듭나는 데 있다. 그리고 노장老莊식으로 말한다면 무위

진인無爲眞人이 되는 데 있고, 유가식으로 말한다면 성현聖賢이 되는 데 있다.

  윤효의 시집 『참말』은 이런 세계를 그리워하고 있다. 그리고 그런 세계를 향하여 발걸음을 옮기고 있다. 한없이 궁핍한 영혼들이 부박한 삶을 소란스럽게 살아가는 이 시대에 윤효가 보여 주는 탈속적인 마음의 결은 우리로 하여금 진정 '마음이 가난한 자'의 품격과 풍류와 기쁨이 어떤 것인지를 깊이 생각해 보도록 만든다.

시인 윤효尹曉

1956년 충남 논산에서 태어나 1984년 미당 서정주 시인의 추천으로『현대문학』을 통해 작품 활동을 시작했다. 본명은 창식昶植. 그동안『물결』『얼음새꽃』『햇살방석』등의 시집으로 제16회 편운문학상 우수상, 제7회 영랑시문학상 우수상을 받았다. 경향각지의 여덟 명의 시인과 함께 〈작은詩앗·채송화〉 동인으로 활동하는 가운데 안서와 소월, 백석을 낳은 五山중학교에서 아이들을 가르치며 시와 만나고 있다.

이메일 : treeycs@yoonhyo.com

참말

지은이 | 윤효
펴낸이 | 김재돈
펴낸곳 | 도서출판 시와시학
1판1쇄 | 2014년 3월 10일
1판2쇄 | 2014년 12월 1일
출판등록 | 2010년 8월 10일
등록번호 | 제2010-000036호
주소 | 서울 종로구 명륜동1가 42
전화 | 744-0110
FAX | 3672-2674

값 8,000원

ISBN 978-89-94889-68-9 03810

* 저자와의 협의에 의해 인지를 생략합니다.
* 잘못된 책은 바꾸어 드립니다.